U0146832

# 清風入懷

清风入怀山水画集

段力心 著

沈石题

中国文联出版社

图书在版编目（CIP）数据

清风入怀山水画集 / 段力心著. -- 北京 : 中国文联出版社, 2023.9
ISBN 978-7-5190-5293-5

Ⅰ. ①清… Ⅱ. ①段… Ⅲ. ①山水画—作品集—中国—现代 Ⅳ. ①J222.7

中国国家版本馆CIP数据核字（2023）第151003号

著　　者　段力心
责任编辑　贺　希　王九玲
责任校对　秀点校对
装帧设计　清秘阁

出版发行　中国文联出版社有限公司
社　　址　北京市朝阳区农展馆南里10号　　邮编 100125
电　　话　010-85923091（总编室）　　010-85923025（发行部）
经　　销　全国新华书店等
印　　刷　北京启航东方印刷有限公司

开　　本　889毫米×1194毫米　　1/16
印　　张　10
字　　数　26千字
版　　次　2023年9月第1版第1次印刷
定　　价　298.00元

# 清风入怀山水画集

段力心　著

## 段力心 Duan Lixin

号省心，善篆书，自李斯入手，旁及李阳冰、李东阳，有中正平和之气、清新劲健之风。白描人物及写意画法均有研习，尤擅山水，拟元明名家技法，笔墨韵味、气象格调，参究周详，孜孜不倦二十余年。所作深得古意，朴茂沉厚，自性自如，一片天然。现为中国美术家协会会员。

2014 年出版《纸上春风 · 段力心扇画集》
2015 年“水墨彭城”全国写意中国画作品展优秀奖
2015 年“万年浦江”全国山水画作品展优秀奖
2016 年“荣宝斋中国画双年展 · 2016”优秀奖
2016 年“东风引”荣宝斋当代名家书法邀请展
2017 年“丹青襟抱”第四届吴门师生作品展
2018 年“方寸万千”当代中国画名家小品画邀请展
2018 年“丹青报国”吴悦石师生作品联展
2019 年“三月 · 与美丽同行”中国女美术家作品邀请展
2019 年“是心作佛”当代书画名家邀请展
2019 年“山外青山”当代中国画名家青山绿水邀请展
2020 年“福鹿长欣——鹿鸣”当代中国画名家作品邀请展
2022 年“青山有约”——段力心新作微展
2023 年“颂歌新时代 · 丹青襟抱”——吴悦石师生作品展
2021 年、2022 年、2023 年作品入选《清秘阁迎新日历》（西泠印社出版社）

# 目录

力心習書爲先，數年後，得作家之法。繼而潛心習畫二十餘載，取法於宋元，出入于明清。諸法參詳，獨有心會。唯於用筆一事，通達篤行，明心見性。能在作畫時知筆法，見筆性，通筆趣，有筆意，筆筆分明，磊落大方，得用筆之精妙，傳畫法之天趣，此乃習畫第一要義。至于咫尺之内，四時四態，山林水澤無窮變幻，深谷幽泉如聞其韻，曲徑平林策杖尋詩，皆入詩入畫，是詩畫至理。筆墨生發，意趣迭加，此山水畫境界之妙者。妙在心法爲上，鎔鑄在胸，平日學習積累於不經意處，目識心記，散淡胸懷，化出爲新，别有風致，故有今日。

力心於庚子春夏之際畫小品三百餘幅，今擇其部份出版，綜述如右，是爲序。

吴悦石

癸卯立夏

吴悦石先生序手迹

# 序

力心习书为先，数年后，得作字之法。继而潜心习画二十余载，取法于宋元，出入乎明清。诸法参详，独有心会。唯于用笔一事，通达笃行，明心见性。能在作画时知笔法，见笔性，通笔趣，有笔意，笔笔分明，磊落大方，得用笔之精妙，传画法之天趣，此乃习画第一要义。至于咫尺之内，四时四态，山林水泽无穷变幻，深谷幽泉如听其韵，曲径平林策杖寻诗，皆入诗入画，是诗画互证，笔墨生发，意趣迭加，此山水画境界之妙者。妙在心法为上，熔铸在胸。平日学习积累于不经意处，目识心记，散淡胸怀，化古为新，别有风致，故有今日。

力心于庚子春夏之际画小品三百余幅，今择其部分出版，综述如右，是为序。

吴悦石 癸卯立夏

山居图　22cm×17cm　纸本墨笔　2020年

夏山隐逸　22cm×17cm　纸本墨笔　2020年

望江图　22cm×17cm　纸本墨笔　2020年

清江渔乐　22cm×17cm　纸本墨笔　2020年

暮云归鸟　22cm×17cm　纸本墨笔　2020年

寒山暮色　22cm×17cm　纸本墨笔　2020年

林溪深处　22cm×17cm　纸本墨笔　2020年

赤壁游踪　22cm×17cm　纸本墨笔　2020年

溪亭日暮　22cm×17cm　纸本墨笔　2020年

云山归鸿　22cm×17cm　纸本墨笔　2020年

夏山高隐　22cm×17cm　纸本墨笔　2020年

晨雾拥山　22cm×17cm　纸本墨笔　2020年

山寺停舟　22cm×17cm　纸本墨笔　2020年

晤　对　22cm×17cm　纸本墨笔　2020年

清江泛舟　22cm×17cm　纸本墨笔　2020年

秋江萧树　22cm×17cm　纸本墨笔　2020年

峡江图　22cm×17cm　纸本墨笔　2020年

登高临远　22cm×17cm　纸本墨笔　2020年

江行图　22cm×17cm　纸本墨笔　2020年

望岳阁　22cm×17cm　纸本墨笔　2020年

江峡行　22cm×17cm　纸本墨笔　2020年

溪山访友　22cm×17cm　纸本墨笔　2020年

白云深处　22cm×17cm　纸本墨笔　2020年

山居清逸　22cm×17cm　纸本墨笔　2020年

山泉静寂　22cm×17cm　纸本墨笔　2020年

千山归鸿　22cm×17cm　纸本墨笔　2020年

访幽图　22cm×17cm　纸本墨笔　2020年

孤亭秋树　22cm×17cm　纸本墨笔　2020年

渔父图　22cm×17cm　纸本墨笔　2020年

日暮溪亭　22cm×17cm　纸本墨笔　2020年

云溪深处　22cm×17cm　纸本墨笔　2020年

楚天渔乐　22cm×17cm　纸本墨笔　2020年

古木苍岚　22cm×17cm　纸本墨笔　2020年

山田人家　22cm×17cm　纸本墨笔　2020年

江岸飞泉　22cm×17cm　纸本墨笔　2020年

暮归图　22cm×17cm　纸本墨笔　2020年

携琴访友　22cm×17cm　纸本墨笔　2020年

登楼赋诗　22cm×17cm　纸本墨笔　2020年

松下论道　22cm×17cm　纸本墨笔　2020年

山村暮色　22cm×17cm　纸本墨笔　2020年

野桥寻诗　22cm×17cm　纸本墨笔　2020年

幽谷鸣泉　22cm×17cm　纸本墨笔　2020年

高秋图　22cm×17cm　纸本墨笔　2020年

梯田似锦　22cm×17cm　纸本墨笔　2020年

春江独钓　22cm×17cm　纸本墨笔　2020年

山居读书　22cm×17cm　纸本墨笔　2020年

北山听泉　22cm×17cm　纸本墨笔　2020年

村居图　22cm×17cm　纸本墨笔　2020年

深寺云山　22cm×17cm　纸本墨笔　2020年

秋山云起　22cm×17cm　纸本墨笔　2020年

山居图　22cm×17cm　纸本墨笔　2020年

清斋暮色　22cm×17cm　纸本墨笔　2020年

古木清江　22cm×17cm　纸本墨笔　2020年

野水泛舟　22cm×17cm　纸本墨笔　2020年

山中岁月　22cm×17cm　纸本墨笔　2020年

雪天归雁　22cm×17cm　纸本墨笔　2020年

溪亭清兴　22cm×17cm　纸本墨笔　2020年

浅水行舟　22cm×17cm　纸本墨笔　2020年

山寺云起　22cm×17cm　纸本墨笔　2020年

桃花渔父　22cm×17cm　纸本墨笔　2020年

秋深读书处　22cm×17cm　纸本墨笔　2020年

雪山暮色　22cm×17cm　纸本墨笔　2020年

古木嘉亭　22cm×17cm　纸本墨笔　2020年

倚琴玩鹤　22cm×17cm　纸本墨笔　2020年

秋山无尽　22cm×17cm　纸本墨笔　2020年

山水清音　22cm×17cm　纸本墨笔　2020年

云起图　22cm×17cm　纸本墨笔　2020年

溪山空寂　22cm×17cm　纸本墨笔　2020年

雨山深处　22cm×17cm　纸本墨笔　2020年

策杖寻幽　22cm×17cm　纸本墨笔　2020年

夜雪初霁　17cm×22cm　纸本墨笔　2020年

燕　居　17cm×22cm　纸本墨笔　2020年

汉江渔乐　17cm×22cm　纸本墨笔　2020年

出　峡　17cm×22cm　纸本墨笔　2020年

消夏图　17cm×22cm　纸本墨笔　2020年

秋江独钓　17cm×22cm　纸本墨笔　2020年

望　岳　17cm×22cm　纸本墨笔　2020年

渔父图　17cm×22cm　纸本墨笔　2020年

水村清兴　17cm×22cm　纸本墨笔　2020年

春江水暖　17cm×22cm　纸本墨笔　2020年

江村秋色　17cm×22cm　纸本墨笔　2020年

泛 舟 17cm×22cm 纸本墨笔 2020年

隐山图　17cm×22cm　纸本墨笔　2020年

渔家乐　17cm×22cm　纸本墨笔　2020年

秋山萧瑟　17cm×22cm　纸本墨笔　2020年

雪　霁　17cm×22cm　纸本墨笔　2020年

观　瀑　17cm×22cm　纸本墨笔　2020年

山居图　17cm×22cm　纸本墨笔　2020年

浮　舟　17cm×22cm　纸本墨笔　2020年

江行无尽　17cm×22cm　纸本墨笔　2020年

观想图　17cm×22cm　纸本墨笔　2020年

渔父图　17cm×22cm　纸本墨笔　2020年

溪桥秋色　17cm×22cm　纸本墨笔　2020年

雪夜读诗　17cm×22cm　纸本墨笔　2020年

晴江独钓　17cm×22cm　纸本墨笔　2020年

渔　乐　17cm×22cm　纸本墨笔　2020年

长亭嘉树　17cm×22cm　纸本墨笔　2020年

停琴晤对　17cm×22cm　纸本墨笔　2020年

云山无尽　17cm×22cm　纸本墨笔　2020年

秋亭云岭　17cm×22cm　纸本墨笔　2020年

雪岭听风　17cm×22cm　纸本墨笔　2020年

溪山深处　17cm×22cm　纸本墨笔　2020年

林泉清话　17cm×22cm　纸本墨笔　2020年

大岭行云　17cm×22cm　纸本墨笔　2020年

千里行江　17cm×22cm　纸本墨笔　2020年

雨余山色润　17cm×22cm　纸本墨笔　2020年

江天寻古　17cm×22cm　纸本墨笔　2020年

古木溪桥　17cm×22cm　纸本墨笔　2020年

秋到江南黄叶村　17cm×22cm　纸本墨笔　2020年

秋色临水　17cm×22cm　纸本墨笔　2020年

柳荫鸭戏　17cm×22cm　纸本墨笔　2020年

息心图　17cm×22cm　纸本墨笔　2020年

春山和煦　17cm×22cm　纸本墨笔　2020年

雨山帆影　17cm×22cm　纸本墨笔　2020年

晴江独钓　17cm×22cm　纸本墨笔　2020年

望　岳　17cm×22cm　纸本墨笔　2020年

秋水泛舟　17cm×22cm　纸本墨笔　2020年

听 泉 17cm×22cm 纸本墨笔 2020年

风雨归舟　17cm×22cm　纸本墨笔　2020年

登高临水　17cm×22cm　纸本墨笔　2020年

溪山隐居　17cm×22cm　纸本墨笔　2020年

雨霁渔乐　17cm×22cm　纸本墨笔　2020年

江岸一角　17cm×22cm　纸本墨笔　2020年

雨后归渔　17cm×22cm　纸本墨笔　2020年

旷逸山居　17cm×22cm　纸本墨笔　2020年

临水赋诗　17cm×22cm　纸本墨笔　2020年

独钓图　17cm×22cm　纸本墨笔　2020年

柳堂喜报　17cm×22cm　纸本墨笔　2020年

舟行万里　17cm×22cm　纸本墨笔　2020年

空林秋风　17cm×22cm　纸本墨笔　2020年

江行图　17cm×22cm　纸本墨笔　2020年

松鹤颐寿　17cm×22cm　纸本墨笔　2020年

林泉高致　17cm×22cm　纸本墨笔　2020年

峡江行云　17cm×22cm　纸本墨笔　2020年

金风初起　17cm×22cm　纸本墨笔　2020年

听　松　17cm×22cm　纸本墨笔　2020年

深山远村　17cm×22cm　纸本墨笔　2020年

山寺高隐　17cm×22cm　纸本墨笔　2020年

江风出拂　17cm×22cm　纸本墨笔　2020年

松云图　17cm×22cm　纸本墨笔　2020年

江天古坡　17cm×22cm　纸本墨笔　2020年

江岸野居　17cm×22cm　纸本墨笔　2020年

水阁清风　17cm×22cm　纸本墨笔　2020年

苍山嘉树　17cm×22cm　纸本墨笔　2020年

水亭吟诗　17cm×22cm　纸本墨笔　2020年

江天一览　17cm×22cm　纸本墨笔　2020年

山居卧云　17cm×22cm　纸本墨笔　2020年

溪山清隐　17cm×22cm　纸本墨笔　2020年